울으로 눕는 길

문수영 시조집

목언예원

뭍으로 눕는 길

지은이 · 문수영
펴낸이 · 민병도
펴낸곳 · 목언예원

초판 인쇄 : 2021년 7월 20일
초판 발행 : 2021년 7월 25일

목언예원
출판등록 : 2003년 2월 28일 제8호
경북 청도군 금천면 선바위길 53 (신지2리 390-2)
전화 : 054-371-3544 (팩스겸용)
E-mail : mbdo@daum.net

ISBN 978-89-94733-09-8 03810

값 8,000원

뭍으로 눕는 길

문수영 시조집

목언예원

■ 시인의 말

시조라는 산을 향해

뚜벅뚜벅 걸어왔다.

또 하나의 봉우리를 넘는다.

서두르지 말고 꾸물대지도 말고

사계절의 정취를 만끽하며

펼쳐진 경치를 즐기며

더 걸어야겠다.

2021년 유월에

문수영

CONTENTS

뭍으로 눕는 길

— 문수영 시조집

PART 04 | **물처럼** • 71

바다 이력서

01

바다 이력서

이순이 되는 날 감포 바다 찾아간다
모서리 닳은 장롱처럼 윤나는 모래사장
바다는 순은 빛으로 물비늘을 번뜩인다

겨울과 봄 사이에서 몸살 한 나날들
하루하루 다른 이야기 물고 날아간 새떼
하나씩 장신구 버리면 기억세포 돋아날까

피아노 건반처럼 가지런히 누운 물결
넓어지는 바다, 왜소해지는 내 몸집
누군가 수평선 멀리 물이랑을 넘고 있다

개나리

몸살 앓던 지난 겨울, 얼었던 땅 풀리자

파편처럼 여기저기 고개 내민 봄꽃들

밤하늘 별똥별처럼 빠르게 사라져갈 때

유치원 아이들 옷 갈아입고 소풍 나왔다

진달래 친구삼아 노란 등불 밝혀들고

삼천리 구석구석을 지키는 땅 위의 별

벽 · 1

벽은 안 보이는 그물을 가지고 있다
선을 감추어 놓은 귀를 가지고 있다
욕설을 퍼붓는 순간 저절로 녹음 된다

벽속에는 투명한 거울이 들어있다
외출에서 돌아와 깨끗이 화장 지우면
시간의 그림자들이 입체화면을 만든다

누군가의 모습이 해종일 어른거린다
가까이 다가 갈수록 더욱 더 단단해진다
끝없이 열려 있는 공간, 그 아래 깜빡이는…

보길도, 세연정

보길도 앞바다는 잠들지 못했다
어두워지자 눈발이 듬성듬성 날렸고
어둠을 보듬어 안은 가로등만 비췄다

누가 뿌려 놓은 듯 떠 있는 동백꽃잎
오래전 날아가 버린 푸른 새 기억한다
희미한 길들이 모여 사선으로 눕는다

북쪽에서 달려온 세 바람 소리를 지른다
끝을 알 수 없는 투명하게 질퍽이는 뻘
연못가 긴 세월 곰삭은 어부사시사 빛난다

봄, 바이러스 · 1

네모난 집이 있고 집과 돌담 사이

목련 향 가득한 곳 가로누운 그림자

그 골목 적토마 타고 얼마나 달렸는지

유난히 추웠던 겨울 고백하지 못한 죄

빛과 그림자가 소리 없이 머무는 곳

창문을 활짝 열어서 길게 숨을 들이 킨다

봄, 바이러스 · 2

수은 주 내려가는 만큼 신열로 끓던 겨울
겨우내 품었던 새 날려 보낸 갈참나무
이마를 짚어주고 가는 한 줄기 바람 손
비스듬히 누워있던 고목도 일어선다
부지런히 삽질하며 물 길어 올리는 나무
곁가지 싹 나는 소리, 열병을 다스린다

이후以後
–'김광석 다시 그리기 길'에서

하늘에서 오토바이로 세계일주 하는지
흔들리는 목소리 해맑은 웃음 듣는다
상처를 끌어안으며 토해낸 노래들

꿈속에서 살다가 눈뜨면 우울한 새장 안
자신의 아픔보다 남의 아픔을 슬퍼한
그대여 들리는 가요? 메아리 돌아오고

아버지를 찾는다는 현수막 펄럭인다
이집 저집 옮겨 다니다 갈길 잃은 노후
눈 감고 귀 막은 세월 비상구 찾았는지

손
–아버지

뜨거울 때 차가울 때 가장 먼저 나선다

가느다란 뼈끝에 단단한 무기 달았다

가운데 자리 잡고서 발끝까지 관리하고

열일 하는, 때론 마술사 되는 척척박사

팔뚝이 흔들리면 속수무책 흔들리고

깨물면 다 아픈 손가락, 모두모두 이쁘다

당구
-고부 갈등

직진할 수 없다, 에둘러 가야한다
어떻게 힘을 쓸까, 온종일 당구 생각
목표는 나만의 비밀, 계획은 치밀하게

고부간 긴 침묵이 달포를 바라본다
목까지 올라온 말 꾸역꾸역 밀어 넣고
갈수록 체증현상은 점점 더 심해지고

온 가족 동원하여 삼각구도, 사각구도…
몇 단계 거쳐야지 후폭풍 피하려나
통쾌한 스트라이크! 그 전율을 꿈꾸며

또 다시 삼월에

햇살이 어루만지자 부풀어 오른 꽃망울

꽃 숨을 들여다보며 만개한 꽃을 그린다

어둠에 갇힌 생각 끄집어내 이름표 달아준다

봄볕 · 2

겨우내 발 오그린 새싹이 고개 내밀 때

지난 해 날아간 깃 푸른 새 돌아올 때

바닷가 길들이 모두 뭍을 향해 눕는다

수성못 연가

바다가 그리울 때 서둘러 찾아가는 곳
은빛물결 반짝이다가 파도처럼 출렁인다
언제나 너른 품으로 시름을 달래준다

밤이 되자 안개는 물결을 덮어버렸다
새들의 아늑한 숙소 둥지섬도 묻히고
자꾸만 마르는 잎새 굽어보는 배롱나무

너를 기다리다 하얗게 핀 억새는
잊을 건 잊으라며 연방 심호흡 한다
밤새워 노 저어가도 닿지 못한 마음자리

가시연꽃

아무도 가시연꽃 피는 내력 모른다네
물에 잠겨 길허리 물고 있는 수양버들도
외발로 물끄러미 서서 바라보는 왜가리도

처음부터 이곳에 늪이 있지는 않았다
물속에 담긴 것들이 하나둘 늘어나면서
깊숙한 어둠속으로 속내를 감추었다

잊지 않고 찾는 철새가 들려주는 이야기
사연 많은 사람들이 떨구고 간 푸념덩이
켜켜이 쌓인 아픔 딛고 선명하게 피어난

백일홍 · 2

어둠 딛고 열린 아침 바람이 소리 지른다

아이는 울고 전화벨은 울리지 않는다

아리게 가슴을 치던 장미향 사라지고

돌개바람 속에서도 꽃잎은 다시 피는데

초점을 찾지 못하는 그리움 되돌아오고

물감 푼 하늘 아래서 허수아비 서 있다

여름을 방류하다

체온을 웃도는 열마 휩쓸고 지나간 자리

가뭄 뒤 강바닥처럼 쭈글거리는 뒷모습

열기가 머리로 올라 어지러운 바람분다

허물 벗은 매미는 한풀이 해대는데

말 한마디 못하고 눈만 꿈뻑거린다

처서가 다가오기 전에 내 모습 찾아야지

몸에게
—미안해 · 2

오징어 배 불빛같이 이어지는 나날
바다색 닮아가는 갑판 파도에 맡기고
덜커덩 삐걱거리는 오래된 배 한 척

포구에 다가갈수록 아득해지는 뱃길
가슴 가득 섬 키우며 쳇바퀴 돌고 돌다
모퉁이 물샐 때까지 아무런 느낌 없이

비밀번호 누르면 스르륵 문 열리듯
어려운 수학문제 뒤늦게 해결하듯
애벌레 허물 벗는다, 약손 찾아 떠난다

사이 · 1

뉴스와 오락프로, 현재와 과거 사이
이리저리 돌릴수록 단단하게 생기는 벽
헤매다 길을 잃고서 왔던 길 되돌아간다

폭설로 내려앉은 비닐하우스 바라본다
개그맨의 익살에 잇몸을 다 드러낸다
그 사이, 솜뭉치처럼 자꾸만 가벼워진다

눈 오기 시작할 때도 잇몸을 드러냈지
폭설이 뒤덮어버린 땀방울과 인고의 날들
절망과 웃음 사이로 돌개바람 들이친다

수목원 일기

02

공의 길 · 1
–골프

어여쁜 장식품이다, 손 위에 앉아 있다가
탄력 받으면 손에서 훨훨 떠나 길 찾는다
물처럼 흘러 흘러서 한 눈에 두루 섭렵한다

하늘에 때때로 다른 그림 그리는 구름
작은 공도 질 세라 안 보이는 그림 그린다
언제나 다른 모습으로 땅 위에 허공에

날개 달고 날다가 낮은 곳으로 구른다
사춘기 소녀처럼 요리조리 촉을 세워
조금만 소홀히 하면 토라져 꽁꽁 숨는다

꽃길

벚꽃 잎 날리네, 눈처럼 휘날리네

못 다 부른 노래 골목마다 떠도네

꽃잎도 많이 모이면 뻘밭이 된다네

수목원 일기 · 3

일상의 외투 벗고 초록으로 들어간다
기다림만 아는 나무 최선 다해 꽃 핀다
향기가 짙게 번져 나와 미세먼지 씻어주고

오순도순 모여서 뽐내듯 만든 마을
죽림원 활엽수원 약초원 유실수원…
생각을 넓게 펼치라며 그늘을 마련한다

중앙 분수대 사이 반세기가 어른거린다
꽃대 보다 여린 병아리들 소풍 왔고
저편엔 백발 노인들 세월을 더듬는다

텃밭일기

1
빗소리 들으며 땅속에서 꿈꾸던 세상
껍질 벗고 볼 수 있는 것으로 감사하고
자란다, 햇살크기만큼 들이킨 물만큼

연사흘 비 내린 뒤 두 뼘씩 키 크고
뿌리 긴 풀들은 채소보다 기세 등등
빗속에 풀씨 있었나, 자라고 또 자라네

2
풍선처럼 부풀어 시작한 텃밭 가꾸기
몸속에 붙어사는 암 같고 적의 같은
끈질긴 풀과의 전쟁, 새로운 역사다

벽 · 2
–비무장지대

달걀의 흰자 노른자, 껍질이 뒹군다
제 힘을 믿고 투신하는 끈질긴 함성
밀다가 한쪽 켠 에서 사르르 잠든다

잠 속의 푸른 반도, 공중 곡예 하는 새들…
철따라 다른 빛으로 갈아입는 산천초목
나무는 다시 잎 달고 꽃 피울 채비한다

빈 곳을 덮어 버리는 포유류, 양서류…
탄생하는 새 소리, 바람이 벽을 가른다
단단한 부리를 달면 새가 될 수 있는지

작약
–희망 대구

이제부터 네 이름을 희망이라 부르리
바이러스 번지면서 멀어진 소확행小確幸
오월의 어여쁜 신부 너를 보며 찾는다

작약 네 앞에선 사춘기 소녀 된다
꽃마다 보석 달고 잎마다 행복 달아
올올이 박혀있는 미소, 저절로 힘이 난다

일찍이 전염병 중심에 선 분지 도시
뜻 모아 마음 모아 서로서로 다독이며
함께 한 범시민 운동, 피어나는 웃음꽃

우포늪

잃어버린 몇 날은 길가 풀섶에서 졸고

또 몇 날은 갈대되어 이리저리 흔들리고

여기선 용서할 수 없는 것이 아무것도 없다

구름이 된 이야기 늪 속에 가득 담고

떠나지 못하는 철새 울음소리 듣는다

단 한번 입맞춤으로 들국화 피어난다

안경

라식 수술 했습니다. 신세계 열렸습니다

유리창 밖 떨어지는 빗방울도 보입니다

아뿔싸! 주름살까지 너무 잘 보입니다

흐리게 보일 때는 상처가 적었습니다

눈동자를 굴려서 가재미 눈이 됩니다

거슬러 가고 싶습니다, 안경을 썼을 때로

수목원 일기 · 2

하루도 쉬지 않고 여름내 나팔 분다

백리향, 구름금잔화… 울긋불긋 장신구 달고

산 너머 건들바람 불자 속옷마저 날렸다

비둘기
—벗 · 1

1
애완견 꼬리치듯 제일 먼저 반겨주는
고개를 갸웃거리며 할 말이 많은 듯
산책길 가까이 와서 길동무 되어준다

구구구 울음소리 한 낮의 소음공해
피부병 유발하는 배설물 처치곤란
한때는 평화의 상징, 도시의 애물단지

2
때론 눈에 힘주고 때론 말에 각 세우지만
벗어날 듯 제 궤도 유지하는 행성行星처럼
떠날 듯 떠나지 못하고 강변 사는 텃새처럼

거울을 보며

평평한 널 보면서 돌출한 모습 그렸지

둥근 앞모습부터 모가 난 뒷모습까지

아무리 찔러보아도 너는 변함없는데

제풀에 지친 눈만 초점을 찾고 있네

눈동자 빛을 잃어갈 때 잔상을 버렸지

옆으로 비켜서서 보니 오차 없는 닮은 꼴

미술관에서

문 열고 들어서자 훈훈한 바람분다
꽃밭인 양 번지는 화폭 가득한 향기
압축된 드라마 한 편, 은은한 합창소리

한 장을 건지기 위해 수없이 구긴 종이
파지破紙도 그에겐 버릴 수 없는 재산
침묵을 박차고 나와 꿈의 궁전 안내한다

붓끝에 온몸을 싣고 한 세상 펼친다
나목裸木을 그리다가 나부裸婦가 되어버린 사람
그 사람 만나기 위해 오래오래 머문다

해후

가라고 밀었지만 보내지 않았네
발길질 했지만 손잡아 일으켰네
잘라도 이어지는 물빛, 초록이다가 연두

간이역에 서있는 소나무 한 그루
지나가는 기차를 맞으며 또 보내며
내일을 길어 올린다, 바늘촉 같은 잎으로

다시 만든 길 따라 장 보고 구경하고
언젠간 오겠다는 약속이 춤추는 바다
멀리서 달려온 나그네 보듬고 울부짖는다

무창포 노을

드넓은 서해 갯벌 꿈들이 익어간다

바다가 길을 열어 우리를 부르는 곳

저녁 해 할 말 많은 듯 수평선에 걸려있다

손톱 적신 봉숭아만큼 오래 머물진 못해도

한없이 빛을 발한다, 다시 올 수 없기에

너와 나, 뒷모습 저리 아름다울 수 있다면…

공의 길 · 4
–골프

갈 곳은 정해졌다, 어디로 튈지 모를 뿐

출발선 그 앞에서 호흡을 가다듬는다

한순간! 아찔한 아픔, 노선은 결정된다

새벽 · 2

피어오르는 안개 속 불씨 밤새 꿈틀 댄다

커튼을 활짝 연다, 어제와 다른 햇살

겹겹의 능선을 넘어 도착한 신선한!

천사의 선물

철새처럼 갔다가 다시 찾아온 성화
어제와 같은 하늘 의지의 횃불 들고
미래를 향해 달렸다 입술을 깨물면서

날마다 변방에서 매만지던 꿈의 조각
이정표 없는 망망대해 한줄기 빛 찾아
눈물도 메말라 버린 마음모아 기도하며

천사가 준 유난히 반짝이는 금메달*
박수치는 관중도 손이 되고 다리가 되어
모두가 한마음으로 눈밭을 달렸다

*2018 평창 동계 패럴림픽 쿨로스 컨트리 좌식부문 금메달리스트
신의현 선수가 딴 한국 유일의 금메달

깃들다

03

압화

활짝 웃고 있는 꽃 꺾는다, 습관처럼
타인이 알 수없는 온전한 자신의 성城
한순간 정지된 세월 마르기 시작한다

타오르던 정열, 처음 눈빛 간데없고
물기를 잃어가면서 다가가는 낯선 세상
마지막 한 방울까지 마른 후 재생한다

마른 탑 올라갈수록 주름살 늘어나고
녹슬다 잿더미 되는 평생 모은 보물단지
보석들 형체를 잃고 한꺼번에 무너진다

달리기

거리에서 TV에서 폰 위에서 달린다

장애물 넘는 사람, 빠르게 뛰는 사람

시간을 갉아먹으며 두 팔을 휘저으며

앞만 보고 달리다 문득 뒤돌아보면

헐렁했던 생각들 담 허물고 달아나고

자신도 모르는 사이 전설이 되어간다

첫

발자국 하나 없는 눈 쌓인 새벽녘

숨죽이고 시작하는 달리기 출발점

눈가에 번지는 미소, 풍선처럼 부푼다

분수

거미줄 빠져나가 날개를 펼치리라

일탈을 꿈꾸었다 사방으로 튀는 물방울

애벌레 허물 벗고서 하늘 길 따라간다

훌훌 버리고 떠난 길 이내 되돌아온다

흩어졌다 모여서 한 몸 되는 물줄기

상처를 다독이면서 강으로 먼 바다로…

그립고 그립고 그립다
–'김광석 다시 그리기 길'에서 · 2

멋진 로맨스 꿈꾸며 청춘을 태운 사람

그의 얼굴 그리고 노래를 다시 부른다

상처 난 구석구석을 치유하는 꽃송이

슬픔 머금은 나비 미소 혼자서 삭히고

그래도 못 부른 노래 거리에 살아남아

영원히 지지 않는 불꽃 가슴마다 파닥인다

제주도 · 1

구름 위에서 보았을 때 해무에 싸여있던
첫날밤 신부인 양 꿈속의 첫사랑인 양
치마를 들썩이면서 베일 벗는 은세계

한라산을 오른다, 산 업은 바다 바람
한겨울에도 매화가, 동백이 피어있네
소음도 비껴가는 곳, 외벽을 두른 듯

돌하르방 부릅뜨고 동구밖 지키네
해녀 누이 그리면서 물회 한 입 삼킬 때
어디서 날아왔을까? 휘파람새 한 마리

바람의 흔적

기다리지 않아도 아무 때나 바람 분다
눈 감고 있을 때 가볍게 책장 넘기며
어제를 날려 보낸다, 다 읽지도 않고

내 마음 들킬까 봐 못으로 조였는데
깊숙이 감추어진 부끄러움도 들춰낸다
바람이 지나간 자리, 서정시 한 편

더운 입김 불어 넣어 겨울을 멀리 보내고
언 땅이 녹을 때 꿈틀거리는 나뭇가지
싹 트고 꽃이 피는 건 모두 바람의 흔적

깃들다 · 1
–가족

1
수양버들 가지 위에 삼삼오오 앉은 백로

깃 접고 오수에 잠겨 서로에게 등 기댄다

동그란 해바라기 집 빼곡한 씨앗처럼

2
일탈을 꿈꾸다 이내 되돌아가는 분수

장마예보 못보고 캠핑 떠난 자식 걱정

집으로 돌아온 후에 두 발 뻗고 잠든다

깃들다 · 2

하객 앞에 선언하며 시작되는 한 우리

맑고 드높은 가을 하늘처럼… 다짐한다

두 손을 마주잡는다 온 우주가 안긴다

하나와 하나가 또 하나의 원을 만든다

양파처럼 겹겹이 울타리 두터워 지고

비로소 어깨를 맞댄다, 서로의 길이 된다

남천

길 위에 길 밖에 널려있는 개망초 같아
눈길 한 번 안 주었네, 봄 여름 훌쩍 가고
가을에 문득 보이네, 타오르는 잎사귀

미루나무 잎사귀 반짝반짝 몸 뒤집을 때
안개 속 헤매이던 수많은 불면의 시간
드높은 격랑 이겨내고 펄럭이는 깃발

단풍 보다 붉은 잎새, 터질 듯 붉은 열매
온몸으로 다져진 흔들리지 않는 기상
헐렁한 길을 지키며 이정표처럼 서있네

까치
—새 · 2

기쁜 소식 기다리듯 널 반가와했지
지금까지 그랬고 아직도 그러한데
자꾸만 기다리는 것에 지쳐가는 중이다

날다가 걷다가 깡충깡충 뛰어서
덩치 큰 왜가리하고 싸워도 이겨 낸다
제 구역 침범 못하도록 두 눈을 부릅뜬다

아무데나 집 지어 전선줄 훼손시키고
꼬리 치켜세우며 사납게 파닥거려도
흑백의 조화가 맞는 품위있는 모습이다

못 부친 편지

어둠 속, 잠을 멀리하고 촛불을 켠다
한참을 내 안의 나하고 말하다가
불현듯 떠오르지 않는 주소를 적는다

습관처럼 응고된 시간이 스쳐 가고
일정하게 하루를 여닫는 초침 소리
무시로 양파껍질처럼 등을 감싸 안는다

제 몸을 사르는 촛대, 기품 잃지 않고
바람이 몰아치면 횃불처럼 연기가 난다
촛불의 푸른 숨결은 그대의 절규다

입 안으로 다시 드는 편지의 사연은
방안을 빙빙 돌다 허공 속에 머물고
촛불의 가쁜 숨결만 메아리로 맴돈다

공의 길 · 3

처음부터 강물로 가려했던 건 아니다

힘 받아 튀다 보니 날개가 돋아났다

물 밖을 나가려할 땐 이미 날개 사라졌다

아무리 각 세워도 표면은 미끄러져

흔들고 재우치는 물결에 떠밀린 채로

바다가 눈앞에 있다 너무 멀리 떠나 왔다

신
–행복

나는 평발입니다 내게 맞는 신이 없어
발에 신을 맞춥니다, 신에 발을 맞추면
자꾸만 새끼발가락에서 진물이 납니다

신을 찾아 헤매다 수선실을 찾았습니다
뚝딱 몇 시간 뒤 구슬까지 달아줍니다
마술사! 물위에서도 걸을 수 있습니다

세모에 · 3

구세군의 자선냄비 위로 떠오르는 별
연인들의 어깨위에 흐르는 캐럴송
빛바랜 그림자 사이로 치열하게 흐르던 강

병, 비닐 구분하여 재활용 버리듯
잊어야 할 것과 기억할 것 구분한다
새로운 금을 긋는다 찌꺼기 걸러낸다

닦아도 닦아도 지워지지 않는 흔적
그림자 덮는다, 고목에 새순 돋아나듯
서둘러 순백의 언어로 다가오는 새 그림

사랑니 · 2

작년부터 하루하루 썩어가던 사랑니

창으로 변신하여 온 몸을 들쑤시다

하회탈 벗겨지면서 뿌리째 뽑혔네

일곱 빛깔 무지개 물거품 되었네

한마디 말 그 향기에 눈멀어 일 년

흔적만 가득 남기고 지붕위로 사라졌네

첫 눈

1
낮은 구름 사이로 손님이 찾아왔다

긴 꿈속 여행에서 돌아와 맞이한 은세계

하얗게 얼어붙은 땅에서 연기가 피어올랐다

2
숨죽여 바라보던 솜털 같은 첫사랑

창 너머 아득한 모습 소리 내어 불러본다

꽃송이, 무지개로 핀 선명한 첫 발자국

물처럼

04

공의 길 · 5

–골프

투명한 하늘 아래 잔디 융단 밟으며

한 땀 씩 수놓듯 그림자 무늬 놓고

정상을 향해서간다, 한 걸음 두 걸음

머무르고 싶은 순간, 둘러 봐도 각이 없다

몇 번을 시도해야하나, 굴곡진 세옹지마

잠시도 눈을 뗄 수 없다, 물처럼 흐른다

손과 발

–어버이날에

손은 어머니요 발은 아버지라
여름날 그늘 되고 비 오면 우산되는
언제나 다급해지면 부르는 이름, 어버이

열 개의 손가락에 만능열쇠 숨겼나
열린 듯 닫힌 듯 머리부터 발끝까지
단단히 엉킨 실타래 풀어주는 해결사

입에 풀칠하는 곳 동 동 동 달려간다
해종일 무거운 몸 지탱한 작은 돛단배
수평선 저 멀리에서 날마다 돌아오는

회화나무
–벗 · 2

조숙한 봄꽃이 소나기처럼 지나가고 봄의 끝자락 빼꼼히 고개 내민

유년 시절 가위 바위 보 하던 아카시아 잎인 듯, 어여쁜 꽃잎처럼 새벽이슬 털어내며 팔랑팔랑 인사한다. 밤새 할 얘기가 많이 쌓였는지 몸을 이리저리 움직인다. 함께한 지 20년… 처음 쪽창의 시야를 가릴 때 자르려고 했지… 가지와 잎으로 조성된 넉넉한 품으로 까치, 비둘기, 참새들 모여 반상회라도 하는지 수시로 들락거린다. 쪽창으로 들어오려는 미세먼지 차단해주는, 그 아래는 일상의 피로를 풀어주는 시원한 그늘… 어릴 적 친구 옥순이 묵은 세월만큼 정도 녹아 언제든지 웃으며 전화 받는, 아플 때 기댈 수 있는

비 오고 눈 오는 날이면 우산이 되어주는

봄, 바이러스 · 3

보이지 않는 곳에도 수많은 길이 있다

예전엔 총, 칼을 갖고 적과 대치했지만 갈수록 보이지 않는 적과의 대치가생긴다 세균, 바이러스, 진드기, 병균… 먼지는 햇살아래 길을 드러내지만 현미경 아래서야 길을 보여주는 야생 진드기, 집 먼지 진드기, 옴 진드기, 발톱 진드기… 피부병, 천식, 살인… 온몸을 빨판으로 무장한 왕관모양 코로나, 자석처럼 들러붙어 침의 비말타고 날아다닌다 핸드폰처럼 단단한 것에 붙으면 더 용을 쓴다 오가며 마주치는 사람이 적인지 아군인지 알 수 없다 열나고 기침해도 마스크 안 써도 된다고 거리를 활보한다 죄짓고 무엇이 잘못인지도 모르는 사람처럼… 봄을 기다린 사람들, 보이지 않는 벌레와 전쟁 중이다 색안경 속에서, 마스크 속에서

하르르 벚꽃 지는데
성큼성큼 여름 오는데

안개 · 3

안개 자욱한 날 말을 해선 안된다
등이 가려워도 긁어선 안된다

광활한 바다를 헤치고 떠오르는 아침햇살, 밤새 포진한 안개는 후퇴하고 흥건히 젖은 나무와 들풀, 목쉰 바람과 천식 앓는 비둘기 기지개 켠다 소문이 무성한 날 해변을 걷는다 물속에 빠져서도 떠도는 구름, 왔다가 이내 사라지는 바람, 허공을 맴도는 갈매기, 쉬지 않고 보채는 파도… 모두 안개의 첩자다 하나 둘 불신이 포개지는 동안 폐 깊숙이 스며드는 소문에 사람들은 자주 기침을 했다 거품처럼 부푼 말들이 하나 둘 뭉쳐서 구름 되어 떠돌 때

우우우 흩어졌다가 다시 모여드는 안개

물처럼

너를 만나고 왔다 막차를 타고 왔다

차를 마실 때나 거리를 걸을 때 너는 눈동자 타고 들어와 내 안 깊숙이 자리 잡고 있었다 물 오른 나무들은 잎새를 찰랑이며 축제를 벌였고 숨 막히는 장미의 향기에 난 취해 있었다 빙글빙글 회전의자에 앉아 나도 돌고 너도 돌고 한참을 돌고나서 꿈을 꾸듯 너는 사람도 사랑도 흐르는 것이라고 말했다 네 그림자 붙잡고 서있는 동안 열차는 자꾸만 사람들을 게워내고 있었고 제멋대로 달리던 차들은 제 선을 찾아 달렸다

강물은 부딪히고 깨지며 바다로 흘러든다

7월, 천변에서

포슬포슬 실비 오는 날 강변을 걷는다

체온을 웃도는 용광로에서 탈출한 사람들 우산도 들지 않고 가랑가랑 젖어든다 비에 젖어가는 접시꽃을 보다 개똥을 밟는다 우듬지에서 우는 까치를 보다 가래침을 밟는다 허공에 삿대질을 한다 목울대까지 올라오는 가래를 삼킨다 가는 사람 오는 사람, 발소리 죽이며 약속한 듯 걷는다 어디선가 들리는 손뼉 소리, 울화통 토해내는 소리, 피가 팡팡 도는지… 제 길을 두고 보행자 뒤에서 따르릉거리는 자전거…

불현듯 귀청을 때리는 직박구리 울음소리

시인 · 3

벌집처럼 다닥다닥 붙어있는 미로迷路다

잊으려고 버린 것들이 길마다 널브러져 있다 변덕스런 날씨만큼 손바닥 잘 뒤집는 사람들 밀고 밀리는 숨바꼭질 잠은 달아나고 방에 물이 스며든다 시야 점점 흐려진다 아이들이 책을 펼쳐들고 문을 연다 아이들과 함께 활자를 따라간다 한 줌 햇살이 따라 들어온다 한줄기 빛… 먼지를 닦아내고 곰팡이 냄새 지운다 투정을 지워버리고 식탁 위에 불을 켠다

씨앗을 뿌리지 않아도 열매를 거두어들이는…

징검다리 건너기 · 1
–안경

양끝에서 마주보고 징검다리 건넌다

제각기 안경 쓰고 멀리 보는 눈길 날카롭다 뒤돌아 보지 않기, 한발 한발 내디딜 때마다 양파처럼 겹겹이 생기는 껍질, 꾹꾹 눌러 챙긴 생각 머리에 가득하고 돌과 돌 사이 물은 넘치고 출 퇴근 시간 정체된 도로처럼 꽉 막혔다. 무엇을 잘 못 먹었는지 위장이 꽉 막혔다. 침을 맞을까, 주사를 맞을까, 약을 먹을까, 등을 두드릴까… 영변 +∝ 금강산 +∝ 66년의 세월에 담긴 돗수 높은 안경을 쓰고 안과 밖을 차단하기도 하면서… 물속에 잉어들은 물 밖 구경하려 뛰뛰기도 하면서 지느러미를 유연하게 꿈틀거리며 들락거리고 청둥오리는 아래를 내려다보며 날아다니는데

안경을 벗어버리면 모두 건너려는지

폭염 경보

안에서 밖에서 열기가 수런거린다

물고기처럼 숨 쉰다, 나무도 데인 듯 땀 흘리고 그 위에서 울어 재끼는 매미, 매미는 지극히 울지만 허물만 남기고 달아난 영혼 찾아 문을 연다 통증도 없는데 움직일 수 없다 촘촘히 안개처럼 깔린 열기에 밀려 밖으로 못나간다 땡볕을 차단하려 커튼을 드리운다 문 안에서 그동안 본 풍경을 되새김질한다 서서히 식어가겠지 서서히 다가가려 했지 내 맘이 네게로 가서 별이 되고 꽃이 되길 기다렸지 나의 말이 네게 부딪혀 되돌아 올 때 끓어오르지 않고선 별과 꽃은 존재하지 않는다는 것을 알았지 이글거리는 태양 아래 공기도 끓어오른다

어딘가 숨죽이고 있을
먹구름을 부른다

적 · 1

내 안에 네가 있고
네 속에 내가 있다

세치 혀의 위력으로 어제의 친구가 오늘은 적, 반전에 반전을 거듭하는 정치세계처럼 우리 사이에 흐르는 강은 깊어지고 그 속에 떼 지어 다니는 송사리, 팔뚝만한 잉어, 그 위를 나는 새들도 수시로 길을 바꾸는지, 맑았던 하늘도 먹구름 덮히고 마른 번개와 천둥, 소나기 퍼붓는다

이 비가 그치고 나면 무지개 피어날까?

빨래론論

세탁물을 분류한다, 빨래와 걸레로

걸레는 빨래와 함께 들어갈 수 없다. 수건이나 속옷으로 쓰다 걸레가 된 것, 낡을 대로 낡았는데 아직도 걸레가 아닌 것, 처음부터 걸레인 것, 천은 멀쩡한데 때가 많이 묻어 걸레가 된 것… 색색의 옷을 넣고 비누를 풀고 세탁기를 돌린다. 양말은 양말대로, 속옷은 속옷대로 넣고 겉옷은 손빨래한다. 서로에게 눈총주며 견제하며 저마다 자기 색을 돋보이려 안간힘 쓰지만 물 빠지는 천은 모두를 물들인다. 얼룩 지우러 들어갔다가 더 짙게 물든다. 체온을 감싸 안으며 부둥켜안던 나날들, 거슬러갈 수 없는 지난 날, 긴 세월의 아궁이에서 그리움, 환희, 애증, 갈등을 솜처럼 빨아들여 끌어안고 있다가 흰 거품과 함께 멀리 멀리 흘려보낸다.

순색의 물줄기로써 땟물을 씻는다

알파고

바둑천재 이사돌 알파고에게 지다

석기시대 돌 하나로 의식주 해결하다 청동기 철기시대 지나고 기계를 만들고 가전제품 만들어 스위치만 눌러 해결하다 사람까지 만든다. 일자리를 뺏고 감정을 실어 창작도 하는 로봇트… 사랑 없이도 연애시 그럴듯하게 쓰고 입는 로봇을 입고 장애인 노약자 마라톤 뛴다 빌딩을 움직이고 커피 배달도 한다 한쪽으로 가난 질병 무지를 잘라내면서 한쪽으로 창조주의 목을 겨누고… 양날의 칼이 되었다 친구가 되기도 하고 적이 되기도 한다

그 누굴 믿어야하는지 말해다오 AI

꼰대론論

천변을 걷는다
지금은 코로나 시대

잊을만하면 사람을 공격하는 바이러스 사스, 신종플루, 메르스를 거쳐 코로나19… 걷는 사람, 뛰는 사람, 걷다가 뛰는 사람… 다양한 옷차림, 사계절이 공존한다 마스크는 국민의 새로운 의무, 마스크 안한 이들이 미안한 표정도 없이 걷는다… 마스크 하지 않는데 익숙해서?

비가 내린다. 우산을 갖고 온 사람은 우산을 펴고 우산을 준비하지 않은 사람은 달린다 그대로 걸으며 그 비를 맞는 사람…

비가 그친다. 우산을 접는 사람, 그대로 우산을 들고 걷는 사람

각인된 익숙한 것에 젖어 다른 것은 모르는지…

늪

늪인 줄 몰랐다 길 따라 걸었는데

몇 발자국 지나자 발목부터 빠졌고 허우적거릴수록 점점 더 빠져 들어간다 허리, 목까지 빠졌을 때 팔다리를 휘젓는다. 좀처럼 나갈 방법이 없어 아예 온몸을 담구고 그 안에서 살아가는 궁리로 들어간다 청구이의 소, 공탁금, 가처분, 가압류…… 글자 하나 숫자 하나에 집 한 채가 들락거린다 계약금 중도금 억 단위가 굴러다니자 문서 위조 인감 위조 말 할 때마다 다른 소리로 꿀꺽, 비대위 만들어서 도와주는 척 하면서 또 꿀꺽 그 배짱에 뻥뻥 차여 뒤로 넘어지는 사람들, 꿀꺽꿀꺽하면 자손대대로 잘 먹고 잘 산다고?

생화生花를 보고 있으면서도 조화造花라고 여기게 된다

탁구공 연가
—짝 · 2

어디로 튈지 모른다, 주먹보다 작은 공

갑니다, 받으세요 이 쪽 저 쪽 시선이 공에 따라 움직인다 멈추어 있으면서도 어디로 갈까 궁리하는 듯 똑같은 방향이라도 각도에 따라 느낌이 다르다 상대방에 따라 처음부터 끝까지 웃을 때도 있고 찡그리고 시작해서 찡그리고 끝나기도 한다. 힘 빼고 공격해 주세요, 안녕하세요 인사하고 머리부터 발끝까지 훑어본다 경제력 배경보다 잘 받아넘길 수 있는 화두를 주세요 고민을 던져도 잘 넘겨주세요

상대방 눈을 보면서 잘 받을 수 있도록

미루나무의 노래

차라리 눈감고 뜨지 말았어야 했어요

어느 날 바람 불어 내 몸이 반짝일 때 나는 눈멀었지요 매미의 울음소리가 사랑 고백인 줄 알았어요 들꽃, 풀잎 애무하다 내 여린 잎사귀 마구 흔들며 다가온 바람, 태풍이 잎을 쓸어가고 가지를 부러뜨릴 때도 견딜 수 있었어요 소문들 벌처럼 붕붕거리며 날아다니다 얇은 잎사귀에 무늬처럼 새겨졌어요 간지러운 속삭임이 내 몸을 송두리째 흔들었어요 뿌리 깊은 곳까지 생각하다 잠들었지요 이젠 소리만 들어도 알아요 바람이 내 몸에 집을 짓고 가는 것을

내게서 잠시도 쉬지 않고 바람소리 나는 것을

작품해설

05

자아의 재발견, 혹은 시조와 자유시의 은밀한 접점

민 병 도 | 시인

1

순간적인 감각을 자극하여 공감대를 촉발하는 공연예술이나 전시 예술이 대세를 이루고 있는 오늘의 예술 풍조에서 우리가 시에 기대하는 역할은 무엇이며 시조를 통해서 얻고자 하는 가치는 무엇일까. 더욱이 서구 문명의 도입과 함께 확장된 인쇄 문화의 산물로 자리매김한 시의 전달 방식에는 어떠한 개선의 여지가 있는가. 한때는 인쇄를 통한 동시다발의 전달 방식이 제한된 그 어떤 무대나 전시장보다 효율적이었으나 지적 정보가 무한정으로 확장된 오늘날이고 보면 상대적으로 취약한 장르로 분류되고 있으니 말이다.

게다가 시조라는 장르로 한정하면 극심한 변화와 혼돈의 현대화 과정을 겪어오면서 정체성마저도 훼손당할 위기를 여러 차례 겪어오지 않았던가. 고시조의 경우 우리 민족 문학사를 특징지을 핵심적인 가치라는 점을 부정한 사람은 많지 않다. 그러나 서구 문명의 불균형적 이동에 편승한 자유시와 혼재되면서 강요된 새로운 장르적 질서는 간단하게 정리될 성질의 것이 아니었다. 전통적 가치와 서구적 미학의 충돌, 창사唱辭에서 가독성 위주의 본격 문학, 논리에서 이미지에

로의 전환 등 근본에서 전달 목적에 이르기까지 이질성이 드러났기 때문이다. 이러한 과정은 자유시 100년의 시간대를 관류하면서 시조 장르의 변화를 자극하였다. 물론 아직도 그 같은 혼돈은 여전히 진행형이다.

연시조의 등장과 장려에 따른 정제미와 완결미의 훼손, 인쇄 문화의 도입과 본격 문학이 요구하는 독자와의 공감대 확보, 산업구조의 급변에 따른 시대 의식의 급격한 부침 등 시조의 외부 환경은 그야말로 변화 그 자체였다. 민족의 유일한 시가로 다져온 시조의 전통과 정통성이 어떻게 재정립되느냐의 문제는 그 혼돈의 격랑에 영향을 받을 수밖에 없기에 예측이 어려웠던 것도 사실이다.

하지만 다행스럽게도 자유시 도입 100년을 넘기면서 지나친 산문화에 따른 운율의 한계와 논리의 집적, 난해성 등에 대한 상대적 관심이 시조의 새로운 이해와 맞닿으면서 변화의 기류가 감지된다. 가장 중요한 핵심은 우리말의 구조와 시조의 형식 질서가 오랜 조화를 이루어왔다는 점이고 전통적 서정을 담아내기에 체적화最適化된 완미하고 절제된 가락을 지녔다는 점이다.

2

문수영 시인의 네 번째 시조집 『뭍으로 눕는 길』의 경우도 많은 부분 시조의 외형과 자유시의 전개 방식이 적절한 조화를 이루어 하나의 특징으로 나타난다. 문수영 문학의 출발이 자유시였다는 점을 환기하면 그의 시조에 왜 자유시의 느낌이 강한지를 이해하게 된다. 물론 여기서 그 자유 시적인 느낌이 그의 시조를 제어하고 있다는 점을 말하려는 의도는 아니다. 오히려 현대 시조가 조우할 수밖에 없는 과정으로 시대적 미의식을 확장하는데 일정한 동력으로 작용하고 있다는 점에서 효과적인 선택으로 읽히기 때문이다. 그뿐만 아니라 전반적인 시적 동기와 관심을 형상화하는 과정 또한 정형시가 지닌 메커니즘에 매몰되지 않고 선택적으로 활용함으로써 가독성을 높이고 있다. 그에게 초, 중, 종장은 불가역적 질서가 아니라 자유시의 1행, 2행, 3행과 같은 이미지의 유기적인 흐름의 부분집합으로 이해된다. 따라서 획일성에서 벗어나 다양한 변조로 읽힌다.

문수영은 여러 작품에서 자아의 확장 수단으로 자연과의 교감을 선택하고 있다. 따라서 자연을 자신과의 수평적 관계로 보고 거기에서 오는 식물성 언어들이 절대의 행간을 구성하고 있다. 문제는 자연의 섭리에 관심이 깊어지다 보면 자신도 모르게 무위(無爲)에 길들게 되고 인위적인 관계에서 오는 유위(有爲)가 낯설어진다는 점이다. 오늘날과 같은 정보화시대의 무한 경쟁 가운데 유위에 낯설어한다는 것은 상당한 핸디캡이 아닐 수 없다. 그는 과연 어떤 돌파구로 이 구조를 극복하면서 독자들과의 공감대를 겨냥하고 있을

까.

평평한 널 보면서 돌출한 모습 그렸지

둥근 앞모습부터 모가 난 뒷모습까지

아무리 찔러보아도 너는 변함없는데

제풀에 지친 눈만 초점을 찾고 있네

눈동자 빛을 잃어갈 때 잔상을 버렸지

옆으로 비켜서서 보니 오차 없는 닮은 꼴

—「거울을 보며」 전문

자신의 주체가 무엇인지를 확인하고 현황을 점검하는 일은 삶의 질적 성장을 위한 수단 가운데 하나다. 그것은 비록 한 개체라 할지라도 시간과 상황에 따라 결코 일정한 값에 묶여 있지 않기 때문이다. 따라서 외형에서부터 내면에 이르기까지 점검하고 정비하고 보완하는 노력이 지속할 때만이 미래를 받아들이는 효용성이 높아지기 마련이다.

거울을 본다는 사실은 바로 자신의 외형을 점검하는 일이다. 그런데 그 외모는 하드웨어와 같은 구조에 불과하기에 실질적으로 용처에서 빗어진 하자와 부조화를 찾아내기가 어렵다. 실제로 진단하는 기능은 소프트웨어의 담당이기 때문이다. 곧 외형을 점검하는 수단이 자신의 정신영역이므로 일체화된 진단이 쉽지 않다는 것이다. 설사 일정한 진단에 이르렀더라도 외모만 진단하면 내면과의 괴리에서 오는 또 다른 부조화가 드러나기 마련이다. 따라서 욕망의 근원인 생명이 지속되는 한 함께해야 할 숙명에 불과하다.

그러기에 문수영 또한 "아무리 찔러보아도 너는 변함없"지만 "평평한 널 보면서 돌출한 모습"을 그리게 된 것이다. 하지만 자신을 스쳐 간 시간이 외모를 그냥 둘 리가 없다. 급기야 "눈동자 빛을 잃어갈 때 잔상을 버"리고 "옆으로 비켜서서 보니 오차 없는 닮은 꼴"의 자각을 수용하게 된다. 하루도 쉬지 않고 바뀌어온 자신의 순간을 확인하고 인정하게 된 것이다. 자신이 서 있는 위치나 처한 상황을 정확히 파악하는 일은 다음의 상황을 대처하는 가장 적확한 처방법이다. 시조의 율격에 잘 배행된 자유시 같은 자유로움으로 다가오는 이 작품을 통해 문수영의 시조의 발원지를 유추해 볼 수가 있을 것이다.

벽은 안 보이는 그물을 가지고 있다
선을 감추어 놓은 귀를 가지고 있다
욕설을 퍼붓는 순간 저절로 녹음된다

벽 속에는 투명한 거울이 들어있다
외출에서 돌아와 깨끗이 화장지우면
시간의 그림자들이 입체화면을 만든다

누군가의 모습이 해종일 어른거린다
가까이 다가갈수록 더욱더 단단해진다
끝없이 열려있는 공간, 그 아래 깜빡이는…

—「벽 · 1」 전문

‘벽’은 이율배반적이게도 인간의 필요에 의해서 만들어진 편이 수단이면서 역설적이게도 장애물로 치부되기도 한다. 자신을 보호하는 안전장치이면서 한편으로는 오늘날 복잡한 사회 단면이자 차단의 상징으로 자리매김하고 있다. 시적 화자는 다양하게 벽의 존재에 대한 관찰과 사색을 통해 “끝없이 열려있는 공간”화 된 벽을 꿈꾸고 있다. 그리고 그러한 모색을 통해서 자신의 선택지와 꿈꾸는 정신적 가치의 합일점에 도달할 때 비로소 자유의 영역에 접근할 수 있음을 깨닫고 있다.

이 작품은 형이상적 자각을 겨냥하여 논법 조로 풀어놓은 시편이다. 언뜻 보면 논리학에서 사용하는 삼단논법의 구조를 원용하고 있는 모습이다. 그런데 삼단논법의 경우 대개 2개의 전제가 하나의 결론을 끌어내기 위한 수단으로 작용하는 데 비해 여기서는 3

개 모두 전제이거나 결론이라는 점에서 일치되지는 않는다.

첫수의 경우 초장 "벽은 안 보이는 그물을 가지고 있다"와 중장 "선을 감추어 놓은 귀를 가지고 있다"라는 서로 다른 전제이자 각각의 결론이다. 시조의 보편적 질서와는 사뭇 다른 구성을 이루고 있던 셈이다. 그런데 논의의 종지부인 종장에도 "욕설을 퍼붓는 순간 저절로 녹음된다"라는 또 다른 전제 혹은 결론으로 마무리 한다. 첫수라는 점에서 읽으면 종합적 결론을 도출하기 위한 광의의 전제로도 읽힌다. 다만 둘째 수에서 첫 수의 모든 전제가 문제의 전개로 이어지는 게 일반적인데 반해 문수영은 또 다른 전제와 결론을 말하고 있다. 물론 셋째 수도 별반 다르지 않다. 이런 전개 양상은 분명 시조의 보편적 양태와 다르다. 이 점이 앞서 전제하였던 자유시와의 상호 교호작용의 결과로 읽을 수 있는 대목이다. 이러한 전개양상이 의도된 것이라면 다양한 이미지의 집적과 그에 따른 교감의 흡인이라는 긍정적인 효과를 만날 수 있을 것이다. 다만 상대적으로 시조의 정형성이 확보해야 할 자유시와의 변별성에서 끊임없는 물음에 직면할 것이다.

어여쁜 장식품이다, 손 위에 앉아 있다가
탄력받으면 손에서 훨훨 떠나 길 찾는다
물처럼 흘러 흘러서 한눈에 두루 섭렵한다

하늘에 때때로 다른 그림 그리는 구름
작은 공도 질 세라 안 보이는 그림 그린다
언제나 다른 모습으로 땅 위에 허공에

날개 달고 날다가 낮은 곳으로 구른다
사춘기 소녀처럼 요리조리 촉을 세워
조금만 소홀히 하면 토라져 꽁꽁 숨는다

—「공의 길 · 1」 전문

이 작품에는 '–골프'라는 부제가 붙어 있어 골프공을 소재로 하고 있다는 점을 제외하면 사물의 존재 위의에 부과하는 가치의 확장이자 견지자적 성찰의 한 수단으로 읽힌다. 율격 위에 올리는 문장의 진행 양태나 현재진행형으로 읽어내는 흐름은 앞의 작품들과 궤를 같이하고 있다. 그러면서도 흔히들 쉽게 선택하는 '도제식 문자의 필사'나 '자아의 해소'의 수단이 아니라 물상이나 사건의 적확한 분석을 통해 인식의 범위를 확장하고 개개의 가치를 폭넓게 끌어낸다는 점에서 긍정적인 자세가 아닐 수 없다.

제목「공의 길」에서 유추할 수 있듯이 자의적인 이동수단을 갖지 못한 '골프공'에서 흡사한 현실적 자아를 비춰보는 프레임이다. "어여쁜 장식품이"지만 "탄력을 받으면" 비거리를 "훨훨 떠나 길 찾"아 "한눈에 두루 섭렵"하는 골프공의 본디 모습이 첫수의 전개 양상이다. 조금만 관찰하면 알 수 있는 상식으로 꾸렸지만, 사실은 공이 지닌 한계의 노정보다 공과 같은 처지의 사회적 부적응 현상에 대한 문제 제기로도 읽힌다.

둘째 수의 "하늘에" "땅 위에 허공에" 연속된 정지물체의 그림으로도 다가갈 수 있는 골프공의 확장성을 거쳐 셋째 수에서는 "사춘기 소녀처럼 요리조리 촉을 세워" "토라져 꽁꽁 숨는" 공에게서 자신을 발견한다. 자기 스스로 움직일 수 없는 골프공과 치밀하게 얽혀진 사회적 관계망 속의 소시민은 결국 하나였던 것이다. 지극히 소극적인 저항 의지로 말하지만 웅변 이상의 힘을 느끼게 한다.

3

문수영이 주목하는 많은 소재 가운데는 자연 현장에서의 관찰과 사색이 특히 눈에 두드러진다. 이름하여 발로 쓰는 현장 시가 되겠는데 그렇다고 전통적 서경시의 낯익은 모습들과는 사뭇 그 결이 다르다. 스케치식의 단순 묘사에 그치지 않고 잠시나마 현장과 호흡하면서 비교적 내면에 잠재된 서정을 바탕으로 일체감을 찾아 나서기 때문이다.

이순이 되는 날 감포 바다 찾아간다
모서리 닳은 장롱처럼 윤나는 모래사장
바다는 순은 빛으로 물비늘을 번뜩인다

겨울과 봄 사이에서 몸살 한 나날들
하루하루 다른 이야기 물고 날아간 새 떼
하나씩 장신구 버리면 기억세포 돋아날까

피아노 건반처럼 가지런히 누운 물결
넓어지는 바다, 왜소해지는 내 몸집
누군가 수평선 멀리 물이랑을 넘고 있다

—「바다 이력서」 전문

일반적으로 '이력서'는 '어떤 이가 살아오면서 이룩한 학업이나 직함 따위의 발자취를 적은 글'을 말한다. 그런데 이 작품에서는 "바다 이력서"라는 제목을 붙였다. 액면대로라면 '바다가 지나온 이력'을 지칭하겠는데 바다에서 살아가는 사람도 아니고 잠시 만난 바다의 이력을 어떻게 알 수 있다는 말인가. 우선 제목에서부터 의문을 자극하여 독자들을 주목하게 만든다.

"이순이 되는 날" 화자는 "감포 바다 찾아"가서 "장롱처럼 윤나는 모래사장"과 "물비늘" 번뜩이는 바다를 만나는 것으로 첫수는 끝이 난다. 굳이 "이순"이라는 연치에 바다를 찾아간 설정은 일상적이지 않은 새로운 공간이면서 잠시도 쉬지 않고 움직이는 푸른 물결을 보고자 함이었을 것이다. 거기에는 싱그러움이 있고 넘치는 에너지가 있고 무궁무진한 상상력을 끌어내는 마법이 숨겨져 있기 때문일 것이다. 그런데 둘째 수에서 찾아낸 이력에는 "하루하루 다른 이야기 물고 날아간 새 떼"들의 "겨울과 봄 사이"의 평범한 바다가 전부다. 그리하여 "기억세포 돋아"나게 할 묘리를 생각하게 되는데 아무래도 "하나씩 장신구 버리"고 우주의 섭리 앞에 자연스럽고 원초적인 모습을 복원해내는 상상에 닿게 된다.

이 작품의 성과는 그러나 셋째 수의 감각적인 언어 선택과 이미지의 확장, 독자의 공감각을 자극하는 상상의 공간을 포치함으로써 더욱 빛을 발하게 된다. "피아노 건반처럼 가지런히 누운 물결"소리와 둘러볼수록 더 "넓어지는 바다" 앞에서 "왜소해지는 내 몸집"을 발견하는 섬세한 터치가 긴장감을 견지해 주고 있다. 거기에 졸지에 '이순'이 되어버린 심리적 충격 앞에 "누군가 수평선 멀리 물이랑을 넘고 있"음을 불안하던 자신의 마음 안에 내장함으로써 완미한 성과에 이르고 있다.

보길도 앞바다는 잠들지 못했다
어두워지자 눈발이 듬성듬성 날렸고
어둠을 보듬어 안은 가로등만 비췄다

누가 뿌려 놓은 듯 떠 있는 동백꽃잎
오래전 날아가 버린 푸른 새 기억한다
희미한 길들이 모여 사선으로 눕는다

북쪽에서 달려온 세 바람 소리를 지른다
끝을 알 수 없는 투명하게 질펀이는 뻘
연못가 긴 세월 곰삭은 어부사시사 빛난다

—「보길도, 세연정」 전문

고산 윤선도의 시 정신과 사상이 전해지고 있는 보길도, 그중에서도 세연정에서의 감성 삽화이다. 보길도는 병자호란이 일어나 왕이 항복했다는 소식을 듣고 울분을 참지 못한 고산이 제주도로 향해 가다가 이곳의 자연경관에 끌려 정착하였다고 전해진다. 그가 51세 때부터 13년간 글과 마음을 다듬으며, '어부사시사'와 같은 훌륭한 시가 문학을 이루어 낸 곳이기도 하다. 그동안 여러 경승지마다 이름을 붙이고 정자를 짓거나 연못을 파서 즐겼는데 '세연정洗然亭'은 계곡의 동북쪽에 지은 정자로 그가 책을 읽고 뱃놀이도 하며 자연을 벗 삼아 지냈던 곳이다.

지은이 문수영은 지금 "앞바다는 잠들지 못"하고 "눈발이 듬성듬성 날렸고" "가로등만 비"추는 세연정과 마주하고 있다. 마침 "오래전 날아가 버린 푸른 새 기억"하는 "떠 있는 동백꽃잎"을 만나고 오랜 시간 누군가 다녀간 "희미한 길들이 모여 사선으로" 누워 있는 정황 속으로 들게 된다. 여기서 말하는 "오래전 날아가 버린 푸른 새"는 무엇을 지칭하는 것일까. 그리고 그 오랜 길들이 왜 “사선으로 눕는” 것일까. 아마도 그것은 자연과 인간이 조화를 이루며 하나가 되기를 염원하던 고산의 사상과 그 사상을 흠모하던 후학들의 자취가 아닐까 싶다. 그리고 현장에서의 이 느낌을 전하는 것으로 이 작품의 핵심 메시지를 대신하고 있다. 마지막 수의 “연못가 긴 세월 곰삭은 어부사시사 빛난다”라는 종장은 보편적 사실과 정서를 환기시켜줌으로써 역사성과 현장성을 동시에 담보하였다.

그런가 하면 그의 현장 기행에는 다음과 같은 빼어난 경승지도 포함되어 있다.

드넓은 서해 갯벌 꿈들이 익어간다

바다가 길을 열어 우리를 부르는 곳

저녁 해 할 말 많은 듯 수평선에 걸려있다

손톱 적신 봉숭아만큼 오래 머물진 못해도

한없이 빛을 발한다, 다시 올 수 없기에

너와 나, 뒷모습 저리 아름다울 수 있다면…

–「무창포 노을」 전문

무창포는 서해안에서 최초로 개장한 해수욕장을 끼고 있는 포구로 한 달에 두 번씩 바닷길이 열려 관광객이 많이 찾는 관광특구 가운데 한 곳이다. 전통적인 어업방식인 '독살'이 남아있고 아름다운 풍광 못지않게 특히 낙조의 황홀한 경관은 전국적으로 이름난 곳이다.

시인은 지금 이 현장에서 지는 해를 바라보고 있다. 천 번 만 번 여일하게 거듭하는 자연의 섭리일 테지만 매번 가슴 뭉클하게 하는 장관을 보여주는 해넘이 앞에서 시인은 다만 "너와 나, 뒷모습 저리 아름다울 수 있다면…"하는 간절한 소망 하나 끄집어낼 뿐이다. 따지고 보면 '저녁 해'는 하루의 마무리일 뿐이다. 내일도 꼭 같은 장면이 반복될 것이고 일 년이나 십 년이 가도 마찬가지일 것이다. 하지만 매번 마음을 숙연하게 만드는 것은 시각적으로나 공간적으로 그 상황을 받아들이는 이의 자세에서 기인한다. 굳이 "다시 올 수 없기에" "한없이 빛을 발한다"라는 진단만 놓고 보더라도 흔히들 하는 말로 '개시개비皆是皆非', 즉 '모두 맞는 말이며 모두 틀린 말'이 된다. 내일 또 해가 지겠지만 엄밀히 분석하면 내일의 해는 시간과 상황으로 봐 오늘의 해가 아니기 때문이다. 하지만 그 만고의 진리를 받아들이는 시의 화자는 어떤가. 매시간이 생의 단 한 순간이 아닌가. 노을의 아름다운 소멸에 대한 외경심은 결국 자기성찰이자 사회적 다짐으로 이어진다.

4

자신의 실체적 현황을 파악하는 노력이나 자연 현장에서의 관찰과 사색을 조금씩 비켜나면서도 시대와 사회적 진단에 초점을 맞춘 시편들이 문수영 시조의 또 다른 맛을 이끌고 있다. 이같이 물상이나 사건의 주관적 탐구를 통해 자아를 확장하는 시도는 궁극적으로 자기만의 세계, 즉 독자성을 향한 모색과 다름없다.

> 활짝 웃고 있는 꽃 꺾는다, 습관처럼
> 타인이 알 수 없는 온전한 자신의 성城
> 한순간 정지된 세월 마르기 시작한다
>
> 타오르던 정열, 처음 눈빛 간데없고
> 물기를 잃어가면서 다가가는 낯선 세상
> 마지막 한 방울까지 마른 후 재생한다
>
> 마른 탑 올라갈수록 주름살 늘어나고
> 녹슬다 잿더미 되는 평생 모은 보물단지
> 보석들 형체를 잃고 한꺼번에 무너진다
>
> –「압화」 전문

꽃이나 잎을 납작하게 눌러서 말린 압화를 소재로 제작과정과 완성, 나아가 퇴락과 소멸의 장면을 연상

하면서 각각의 의미를 부여하고 있다. 첫수에서는 "활짝 웃고 있는 꽃 꺾"어 "마르기 시작"하는 변환의 동기와 단초를 묵시적 대화의 중심에 올려놓았다. 무릇 태생적 환경을 숙명적으로 받들며 사는 식물이 아니라면 선택과 거듭나기 위한 사람들의 도전은 비교우위의 가치로 인정받는다. 문수영의 경우 그 창조적 변환의 예시 가운데 하나로「압화」를 선택한 것이다.

그런데 새로운 의미의 선택은 "타오르던 정열, 처음 눈빛 간데없고/ 물기를 잃어가면서 다가서는 낯선 세상"을 체험하지 않고는 도달할 수 없는 위치에 있다. 여기서 지난 과거에 얽매이거나 미래에 대한 불안을 떨치고 결단을 해야 한다. "마지막 한 방울까지 마른 후" 거듭나야만 한다. 그렇게 환골탈태한 변화과정을 겪었음에도 "마른 탑 올라갈수록 주름살 늘어나고/ 녹슬다 잿더미 되는 평생"이 사라진 것은 아니다. "보석들 형체를 잃고 한꺼번에 무너진"다는 사실도 익히 알고 있다. 그럼에도 '꽃'이라는 존재의 위의를 확장하여 공유하고자 하는 노력을 헛되이 할 수 없는 것이 삶이 주는 교훈이 아니던가.

이처럼 삶에 있어서 절실하거나 특별하지 않은 소재에 새로운 의미와 가치를 부여하는 일은 내재한 논리를 극복하고 창조적 가치관을 모색하는 전혀 새로운 결과로 이어질 수가 있다는 점에서 긍정적인 방법이라 하겠다.

기다리지 않아도 아무 때나 바람 분다
눈 감고 있을 때 가볍게 책장 넘기며
어제를 날려 보낸다, 다 읽지도 않고

내 마음 들킬까 봐 못으로 조였는데
깊숙이 감추어진 부끄러움도 들춰낸다
바람이 지나간 자리, 서정시 한 편

더운 입김 불어 넣어 겨울을 멀리 보내고
언 땅이 녹을 때 꿈틀거리는 나뭇가지
싹 트고 꽃이 피는 건 모두 바람의 흔적

–「바람의 흔적」 전문

이 작품에서는 비교적 자연의 섭리를 읽어내고 순응하는 장자풍의 자세를 드러내고 있다. 어떻게 보면 자연을 극복의 대상으로 삼아 치열하게 문제 제기하고 도전하는 청춘의 열정에서 비켜나 관망자의 여유가 아닐까 여겨지기도 한다. 그 순응의 대상으로 너무도 흔하게 만나는 '바람'을 선택하였다.

"기다리지 않아도 아무 때나 바람 분다". 첫수 초장에 던진 지극히 평범한 전제지만 이 작품이 주고자 하는 메시지의 핵심이 여기에 다 들어 있다. 바람은 인위적으로 기다려서 오는 자연현상이 아니다. 그리고 바람은 "아무 때나" 불지만, 그것 또한 자연의 섭리에

의한 질서이다. 화자가 애원한다고 불어오는 바람이 아니다. 그러기에 "눈 감고 있을 때 가볍게 책장 넘기며/ 어제를 날려 보"내지만 내가 어찌할 방법이 없다. 생각과는 달리 "다 읽지 않고" 바람은 바람의 역할에 충실할 따름이다. 그 바람 앞에 놓인 모든 물상은 따지고 보면 바람 길에 놓인 장애물일 뿐이다. 이 작품은 이 첫수 하나만으로도 하고 싶은 메시지를 모두 다 전하고 있다.

그런데도 삶의 경영 주체로서의 나는 "마음 들킬까봐 못으로 조"이지만 드러내고 싶지 않은 "부끄러움도 들춰"내는 것이 바람이다. 다만 "바람이 지나간 자리"에서 인위적으로 할 수 있는 최대의 목표는 "서정시 한 편" 건지는 일이다. 마지막 종장의 "싹 트고 꽃이 피는 건 모두 바람의 흔적"이라고 다시금 강조하는 것도 사람의 일에 빗대어 자연의 섭리를 강조하기 위한 장치이다.

겨우내 발 오그린 새싹이 고개 내밀 때

지난해 날아간 깃 푸른 새 돌아올 때

바닷가 길들이 모두 뭍을 향해 눕는다

—「봄볕 · 2」 전문

겨우내 얼었던 대지 위에 “발 오그린 새싹”을 고개 내밀게 하고 “지난해 날아간 깃 푸른 새 돌아”오게 하는 힘은 봄이 돌아왔기 때문이다. 만물을 소생하게 만드는 그 봄을 끌어내는 힘은 “봄볕”이다. 평범한 소재에다 평범한 이치를 담고 있다. 그런데 이 작품을 시조로서의 성과로 이끈 대목은 역시 종장이다. “바닷가 길들이 모두 뭍을 향해 눕는다”라는 관찰력이 이끄는 포괄적 은유가 놀랍다. 봄이 와서 새싹이 고개 내밀고 떠났던 새들이 돌아오는데 왜 바닷가 길들이 “뭍을 향해 눕는”가. 이 상황을 좀 더 엄밀히 분석하면 육지의 길들이 바다로 나가기 위해 길들을 여는 것이 이치에 맞다. 해수욕도 나갈 것이고 고기잡이도 나갈 것이기 때문이다. 그런데 여기서는 역설적으로 사람들의 갈망, 즉 유위有爲에 초점을 맞추지 않고 바다라는 자연의 존재와 질서를 눈여겨보았다. 그리고 봄과 바다의 절묘한 조응을 만날 수 있었다.

이 작품은 이번 시조집에서 상대적으로 적은 단시조 가운데 한 편이다. 아마도 시상 전개의 함축성이나 정제되고 완결한 마무리를 요구하는 단시조보다 그가 선호하는 스토리텔링 식이나 독백체에는 연시조가 더 부합한다는 판단에서 인지도 모르겠다. 사실 단시조는 연시조의 어느 한 수와 같은 이미지로 남아서는 안 된다. 비록 규모에서는 작지만 완전한 한 채의 집이기 때문이다. 작아도 안방이 있어야 하고 부엌방과 사랑방도 갖추어져 있어야 한다. 그리고 무엇보다 3장이

각기의 역할에 맞는 내용 구성과 종장의 결론으로 이끌어가는 율격미 또한 갖추어야 하기에 결코 가볍게 접근할 일이 아니다.

5

문수영은 첫 시조집에서부터 장형시조에 많은 관심을 보여 왔다. 어떤 경우는 사설시조의 형식을 빌리고 또 어떤 경우는 엇시조의 형식을 빌려왔다. 우리 시조 문학사에서 사설시조나 엇시조의 역할은 그 발상이나 동기에서부터 독자적인 상황과 맞물려 있다. 평시조의 창법에 평시조의 율격을 벗어난 가사나 대중적 노랫말을 담아낸 형태로 조선 후기의 변화된 사회상을 담고 있는 것이 특징이다. 그 출발점에 대해서는 학자에 따라서는 송강의 「장진주사」에서 비롯되었다는 견해도 있고 고려 말 변안열의 「불굴가」를 효시로 보는 견해도 있다. 중요한 것은 조선의 사대부들이 지켜가고자 했던 전통가치를 계승하기보다 시대의 변화를 갈구하는 민중들의 미의식을 반영하고 있다는 점이다. 자유시가 주류를 이룬 오늘날, 이 사설시조가 문학 장르로서 존립 가치를 인정받으려면 바로 오늘의 시대정신과 미의식을 특징적으로 담아내어야 한다는 점에 주목할 필요가 있다.

보이지 않는 곳에도 수많은 길이 있다

예전엔 총, 칼을 갖고 적과 대치했지만 갈수록 보이지 않는 적과의 대치가 생긴다 세균, 바이러스, 진드기, 병균… 먼지는 햇살 아래 길을 드러내지만 현미경 아래서야 길을 보여주는 야생 진드기, 집먼지진드기, 옴 진드기, 발톱 진드기… 피부병, 천식, 살인… 온몸을 빨판으로 무장한 왕관 모양 코로나, 자석처럼 들러붙어 침의 비말 타고 날아다닌다 핸드폰처럼 단단한 것에 붙으면 더 용을 쓴다 오가며 마주치는 사람이 적인지 아군인지 알 수 없다 열나고 기침해도 마스크 안 써도 된다고 거리를 활보한다 죄짓고 무엇이 잘못인지도 모르는 사람처럼… 봄을 기다린 사람들, 보이지 않는 벌레와 전쟁 중이다 색안경 속에서, 마스크 속에서

하르르 벚꽃 지는데
성큼성큼 여름 오는데

–「봄, 바이러스 · 3」 전문

1999년 겨울 들면서 인류에게 느닷없이 〈코로나19〉라는 죽음의 공포가 엄습하였다. 생명을 좌우하는 핵심적인 장기인 심장을 이식하는 의술이 속수무책으로 휘둘리는 절망의 시간이 지구의 구석구석으로 번져나갔고 인류가 대응이란 고작 마스크로 호흡기를 가리는 것이 전부였다. 참으로 예측하지 못하였고 상

상하지 못한 재앙이었다. 지금까지 전 세계 인구의 1억 명이 넘는 사람이 확진되었고 사망자만도 250만 명을 훌쩍 넘겼다. 그 어떤 전쟁이 이다지도 짧은 시간에 세상을 초토화하고 이렇게 많은 사상자를 배출하였던가.

자신을 가두고 서로를 멀리하며 이 참상이 지나가기만을 기다리는 인간의 나약함을 빗대어 풍자적으로 묘사해 나간 이 작품의 전개 방식에서 장시조가 태생적으로 지녔던 미의식을 읽을 수 있었다. 요즘은 별도로 구별하지는 않지만, 형식으로 보면 엇시조가 분명한데, 종장은 다시 분절하였다. 강조하고자 하는 의도로 읽힌다.

안개 자욱한 날 말을 해선 안 된다
등이 가려워도 긁어선 안 된다

광활한 바다를 헤치고 떠오르는 아침햇살,
밤새 포진한 안개는 후퇴하고 흥건히 젖은 나무와 들풀, 목쉰 바람과 천식 앓는 비둘기 기지개 켠다 소문이 무성한 날 해변을 걷는다 물속에 빠져서도 떠도는 구름, 왔다가 이내 사라지는 바람, 허공을 맴도는 갈매기, 쉬지 않고 보채는 파도… 모두 안개의 첩자다 하나둘 불신이 포개지는 동안 폐 깊숙이 스며드는 소문에 사람들은 자주 기침을 했다 거품처럼 부푼 말들이 하나둘 뭉쳐서 구름 되어 떠돌 때

우우우 흩어졌다가 다시 모여드는 안개

—「안개 · 3」 전문

이 작품은 초장과 중장이 모두 평시조를 음보를 벗어난 사설시조이다. 앞의 작품과 마찬가지로 여기서도 문장의 중간에는 종지부를 찍지 않았다. 사설시조는 사실 문장의 중간에 서술형 종결어미가 많이 나오는 것도 바람직하지 못하지만, 특히 종지부를 찍어서 다른 문장을 조합한 구성은 사설시조의 짝퉁에 불과하다. 그런 면에서 사설시조의 연원에 대한 바른 이해를 바탕으로 창작을 꾀하고 있다는 방증이다.

여기에 등장하는 '안개'는 불확실하고 불안전하며 불투명한 우리 시대의 특징을 강조하기 위한 상징적 차용이다. 안개는 시계를 차단하여 물상의 유무와는 관계없이 백지로 만들어버린다. 나무도, 집도, 산도 모두 가려 버린다. 없애버리는 것이 아니고 가려 버린다는 것이다. 현상적 사실과 관계없이 분별할 수 없도록 차단하여 없애버리지만, 실제에서는 풀 한 포기, 나무 한 그루 어쩌지 못한다. 지열과 습도에서 빚어지는 지극히 익숙한 자연현상이지만 인간의 사회에 도입해보면 흡사한 장면들이 하나둘이 아니다. "우우우 흩어졌다가 다시 모여드는" 것이 어디 "안개"뿐이겠는가. 그러니 "안개가 자욱한 날"은 함부로 "말을 해선 안" 되고 "등이 가려워도 긁어선 안 된다". 이 작품은 초장에서 이미 결론을 내려 두고 역설적으로 그 까닭을 밝혀나가는 기법을 선택하였다. 그리고 그것이 묘하게 '안개'를 헤집고 나아가는 분위기와 조화를 이룬다.

6

자유시가 우리나라 현대시의 주류를 형성하고 민족시의 본류였던 시조가 주변 문학으로 밀려난 지금에 와서도 시조를 선택하는 시인들은 꾸준히 늘어나고 있다. 이는 자유시의 기세가 조선의 전통적 미의식을 고수해온 시조의 역할을 대신할 것이라던 일부의 기대와는 배치되는 결과가 아닐 수 없다. 여러 가지 이유가 있겠지만 당위성이나 필연성이니 하는 변명으로 치부할 수 없는 선택적 가치가 시조에는 존재하는 까닭이다. 문수영의 경우도 자유시에서 출발한 문학적 탐구가 결국 시조에 와서 정착하였다는 점에서 보다 확고한 선택지가 있었을 것이다.

지금까지 발간한 세 권의 시조집과 이번 시조집을 일별하면서 가진 느낌은 시조의 형식에서 민족이 선택한 전통적 질서를 근간으로 하고 자유시의 다양하고 분석적이며 문명 비판적인 현대인의 정서를 담아 보려는 일관된 의지를 읽을 수 있다는 점이다. 내용의 핵심을 전달하는 수단으로 민족의 전통과 가락에 집중한 시조에다 자의식의 확산과 다양한 이미지를 중첩하는 탐구가 여일하였기 때문이다. 이는 물론 문수영 시조의 미덕이자 차별점이다.

이번 작품집에서는 시조이면서 자유시를 담았고, 시조이되 시조의 점층적 구성 원칙이라는 보편적 질서에 매이지 않았다. 되도록 많은 행간을 자신의 체험적 사실들을 예시하여 인식의 공유를 꾀하고 있다는 점도 그가 보여준 시 정신의 일단으로 보인다. 두 가지 양식의 장점을 고루 취하겠다는 문수영의 이러한 보법은 현대 시조의 새로운 질서를 열어 주리라는 기대와 동시에 오랜 전통적 체험에 따른 완성체로서의 시조 기반을 더욱 든든하게 해 나가야 할 것이다.

이번 시조집 『뭍으로 눕는 길』 발간을 계기로 더욱 차별화된 자신만의 시조 미학을 확립하여 여성 특유의 감성과 상상력의 확장으로 현대 시조의 새 장을 열 것으로 기대한다.